普通高等教育应用型人才培养"十三五"规划教材

素质教育类

心理自助与助人
——朋辈辅助的基本原理及方法

代俊　袁晓艳◎著

西南交通大学出版社

·成都·

图书在版编目（CIP）数据

心理自助与助人：朋辈辅助的基本原理及方法／代俊，袁晓艳著. —成都：西南交通大学出版社，2016.8（2021.7 重印）
ISBN 978-7-5643-4897-7

Ⅰ. ①心… Ⅱ. ①代… ②袁… Ⅲ. ①大学生－心理辅导－高等学校－教材 Ⅳ. ①G444

中国版本图书馆 CIP 数据核字（2016）第 190367 号

心理自助与助人
——朋辈辅助的基本原理及方法

代俊　袁晓艳　著

责 任 编 辑	罗爱林
特 邀 编 辑	王双叶
封 面 设 计	严春艳
出 版 发 行	西南交通大学出版社 （四川省成都市金牛区二环路北一段 111 号 西南交通大学创新大厦 21 楼）
发 行 部 电 话	028-87600564　028-87600533
邮 政 编 码	610031
网　　　址	http://www.xnjdcbs.com
印　　　刷	四川煤田地质制图印刷厂
成 品 尺 寸	148 mm×210 mm
印　　　张	10.25
字　　　数	284 千
版　　　次	2016 年 8 月第 1 版
印　　　次	2021 年 7 月第 7 次
书　　　号	ISBN 978-7-5643-4897-7
定　　　价	32.00 元

课件咨询电话：028-81435775

前　言

作者长期从事大学生心理健康教育工作，对大学生心理健康现状有切身的体会和清晰的认知。大学生作为青年期的一个特殊群体，其心理特征既有一般青年期个体的共性，又有作为一个特殊群体的个性。本书正是考虑了这个特点，所以其内容主要针对大学生群体，但很多常识也可作为其他成人之参考。例如，如何判断心理问题的类型和程度，常用的心理自助和助人方法等。

人的心理活动是一个复杂而精细的过程，且具有极强的内隐性，当个体遭遇心理障碍时，虽然也会散发各种征兆，但只有当事人自己最能体会到障碍带来的消极影响，因此心理咨询一直遵循"不求不助"的原则，意即当事人必须意识到并主动面对自己的问题，才能使外部给予的心理帮助发挥作用。所以意识到自己的问题是心理自助的第一步，而具备辨别心理问题的基本知识，选择正确的处理途径和方法则是心理自助的关键。至于学习更为精深的心理治疗系统方法，则是心理专业工作者的职责。

古诗言："不识庐山真面目，只缘身在此山中。"有时当事人并未意识到自己的问题，特别是当面临心理危机的时候，当事人可能在情绪和思维上都比较混乱，这时旁人的辅助就显得很重要。尤其是对于大学生来说，作为朝夕相处的同学，比咨询师更容易观察和发现朋辈心理出现问题的状况，如果拥有一定的鉴别知识，则可以帮助我们及时发现同学的异常，并提供合理、恰当的帮助。因此，为朋辈咨询提供理论及实践经验的支持，是本书写作的一个基本出发点。

在遭遇心理健康问题时，很多人面临这样的尴尬：感觉自己或身边人出现了心理问题，希望能先判断一下障碍的程度，然后确定是否需要求助或治疗，但是苦于找不到一本作为非心理专业人士能看得懂的、有针对性地解释相关问题的书籍。专业书籍中有很多生涩难懂的术语和复杂难辨的标准，专题性资料可能又太精深或片面，而随手而得的网络资料可能又太草率。本书希望能为非专业人士心理自助和助人提供相对全面且易于理解的系统知识，以浅显易懂的方式解读专业性知识，同时提供实践经验参照。

本书的主要阅读对象是从事非专业心理辅助的人员，如学校体系内的朋辈咨询员、学生工作辅导员、社区工作人员及义工等。这些人承担着从心理层面帮扶他人的职责，但并未接受过专业培训，也不打算将来从事更为专业的心理咨询和治疗工作，不可能花费大量的时间和精力精深、系统地学习心理学理论知识和咨询方法技术，但又需要帮助别人解决心理问题，因此本书立足于为这类人员提供实际有效的帮助。在理论描述上尽量简洁，了解即可；在方法、技巧上尽量以"无害"和"有效"相结合的原则，结合实际案例分析，提高可操作性；在目的上是帮助这类人员建立科学的心理健康观念，提升其重点掌握观察、鉴别心理问题和分类处置的基本能力。当然，实现这一切的前提是助人者自身要保持良好的心理健康状态，因此本书也花费了一定篇幅介绍心理自助的理论及方法。

本书并不涉及专业治疗性团体的相关理论和技术，而是立足于同质互助团体，当然也会对建立和促进团体解决问题的一般性技术进行介绍，但更注重的是向助人者提供可参考的团体活动模本，提升团体工作的规范性和实际效果，让助人者的工作有规可循。

心理咨询的一般性目标是帮助个体学会接纳自我，明确并有勇气承担个人的责任；释放消极情绪，谅解和包容他人；学会放弃那些破坏性的思维方式、情绪感受和行为模式，并以更积极的方式去替代。从这个角度看，所有流派的方法和技巧所服务的都是同样的目标，因此，本书无论对理论框架还是方法体系的介绍，都深受当代"心理治疗整合运动"思潮的影响，着力于在不同理论系统中寻求共同因素，力争"问题取向"而非"流派取向"，主张助人者根据帮扶对象独特的背景和需求灵活选择和设计帮助方案。

　　本书所择案例来自两个途径：一是开放性的网络咨询信箱。因为其基本设置就是"公开讨论"，留言者原则上已同意在非保密状态下使用主动公开的信息，因此此途径所得案例一般是以匿名原样呈现。二是各类心理咨询案例。为尊重来访者隐私，均选择至少已过五年保密期，且对个人信息进行了严格的保密处理的案例。但是因为心理问题的类型化，可能有些案例的情况会让某些读者感觉似曾相识，恳请不要对号入座，也不要对自己身边的人妄加猜测。

　　本书上篇"个体自助与助人"主要由代俊执笔，下篇"团体互助与成长"主要由袁晓艳执笔。

代　俊

2016 年 3 月

目　录

上篇　个体自助与助人

下篇 团体互助与成长

上篇　个体自助与助人

第一章　问诊心理脉搏

在许多人看来，人的心理是这个世界上最难捉摸的，甚至有人认为它是新世纪的科学难题之一。而心理学因为不被了解，在一些人眼里更是成了充满神秘感的学科。但在现实生活中，我们又能最真切地感觉到心理活动伴随着我们时时事事，我在故我生，我生故我悲伤快乐。在人的一生中，既会有乐此不疲的情感高峰体验，更会有不期而至的挫败和低谷，面对它们、认识它们并超越它们，对每个人来说都是极其重要的人生课题。本章所论及的正是帮助我们"身在庐山中，识得真面目"的健康心理学常识。

第一节　心理健康常识

一、你健康吗

日常生活中，当我们去向一个人求证他们对自己健康状况的认知和判断时，大多数人会毫不犹豫地回答："我很健康！"即便某些人模糊地感觉到自己存在一些健康问题，其判断标准也仅限于"我没有什么大病，只是偶尔感冒"。这个回答，从程度上来说还算正确，但从内容上来说却非常不完整。1989 年，联合国卫生组织将健康明确定义为："不但没有身体的缺陷和疾病，还要有完整的生理、心理状态和社会适应能力。"随后又添加了道德健康标准，并对其不断进行完善和细化。这是一个比传统健康概念更为完整而科学的阐释，它表明个体的健康是多维因素的整合状态。

人们对生理健康的标准有一个简洁而形象的描述，即"五快——食得快、睡得快、说得快、走得快、便得快"。生理的健康不仅是没有疾病和缺陷，而且涉及生活的方方面面。一个人虽然没有罹患严重的疾病，但若整天感觉没有精神、特别容易疲劳、容易感染传染性疾病、该睡睡不着、该吃吃不香，这说明其健康状态不佳，或者处于亚健康状态。

心理健康是非常容易被人们忽略的健康指标。从广义上讲，心理健康是指一种高效而满意的、持续的心理状态；从狭义上讲，心理健康是指人的基本心理活动的过程内容完整、协调一致，即认识、情感、意志、行为等人格因素完整和协调，能适应社会，与社会保持同步。宽泛地说，社会适应和道德健康也可以归为心理健康的范畴。社会适应良好指一个人的心理活动和行为，能适应当时复杂的环境变化，并能为大众所理解和接受。道德健康最主要的是不损人利己，有辨别真伪、善恶、荣辱、美丑的是非观念，能按社会认同的道德准则约束自我，能为他人的幸福而奉献。

二、 心理健康及其标准

生理健康的指标具有很强的客观性，甚至可以借助先进的医学仪器逐一检测和评定，但心理健康的指标却要复杂得多，而且很难将其完全客观化。因此，要十分精确地制定心理健康标准是困难的，健康心理学界通常运用经验化和正常化标准，即凡是对生活、工作、学习等活动能做出积极心理反应，心理状态和谐统一的人，就可视为心理健康的人，而这些人所具有的典型的心理特征即可作为心理健康的指标。

（一）心理健康的指标

总的来说，可以从三个维度来考虑个体心理健康状况。

1. 自我意识

自我意识也称自我，指个体对自己存在的觉察，包括对自己生理状况、心理特征、自己与他人关系的认知。

自我意识的心理成分包括三个方面：自我认识、自我体验和自我控制。自我认识是个体对自身生理及心理特征的认知及评价。正确积极的自我认知和评价在个体心理生活中具有突出的意义。自我体验即个体是否满意自己、悦纳自己的情绪体验，或者说是主观我对客观我所持有的态度。当客观我满足主观我的要求时，个体就会产生自爱、自尊、自信、自豪、成功等积极的自我体验；相反，当客观我不符合主观我的要求时，个体就会产生自卑、自责、羞耻、失败、内疚等消极的自我体验。积极的自我体验有利于个体维护心理健康状态。自我控制指个体对自己身体动作、心理活动、思想观念及言行的控制，自我控制的作用主要表现为发动和停止心理活动两个方面。

心理健康的个体首先能正确而客观地认识自我，既不盲目自傲，亦不妄自菲薄；能够通过别人的态度，以及与别人的比较来了解自己；通过对自己学习、工作等活动的效果及成绩的分析恰当地评价自己。其次心理健康的个体在正确认识自我的基础上，能够较好地悦纳自我，既能欣赏和体验成功的愉悦，又能平静而客观地检讨自己的不足；能建立符合自身客观情况的恰当的抱负水平；不故步自封，善于吸纳新的经验。

2. 人际关系

一个心理健康的人必然会维持充分而平衡的社会交往和人际关系。对社会其他成员表现出过度冷漠或回避，是人际功能破坏的典型表现，当然，不合时宜或者与年龄特征相左的天真烂漫及不设防的社会交往模式，也可以视为发育迟滞甚或某些精神障碍的表现。

　　心理健康的个体应该建立比较完整而良好的人际关系，包指家庭关系、友伴关系、同学或同事关系及其他多种性质的社会关系。在与人交往的过程中，心理健康的个体能客观地了解并体谅他人，关心他人的需求，能真诚地沟通并赞美他人，尊重彼此的差异和个人权利。在与他人相融的同时又不丧失自我，能在尊重集体的前提下保持自我人格的完整与和谐。

　　3. 活动适应

　　心理健康的个体具备完成活动的基本能力，能完成力所能及的任务，能在学习、工作、娱乐等各类活动中获得满足感和成就感发展，能通过活动建立和保持与环境的积极联系并排除焦虑、紧张、惧怕等消极情绪。

　　众多心理学家提出的心理健康标准，都是在以上三个范畴内，结合某类人群的年龄特征、社会角色特征等将其具体化。

（二）心理健康的具体化标准

　　该标准既可作为大众化标准，也可以作为处于青年早期的大学生的参考标准。

　　1. 心理行为符合年龄特征

　　人在不同的年龄阶段，具有相对应的心理行为表现，因而形成了不同年龄阶段独特的心理与行为特征。心理健康的人应该具有与同年龄段多数人相符合的心理行为模式。例如：一个30多岁的人，心理行为像十来岁的孩子一样任性和稚气；一个儿童却有老年人的复杂和世故，那么他们的心理行为就严重偏离了自己的年龄特征，即为心理不健康的表现。

　　2. 人际关系和谐，积极交往多于消极交往

　　在社会生活中，人们总是扮演着不同的角色，由于年龄、个性、环境条件、交往需求和目的等不同，人际关系的特征也在发生着各种变化，但人际交往是和谐积极的还是矛盾冲突的，是愉快的还是

令人痛苦的，交往的结果是导致关系更加亲密还是疏离，对个体的心理健康会造成深入的影响。

人是社会性的，无论工作、生活，还是学习，都需要时常与人协作，冷漠恶劣的人际关系易使人产生无助感和孤独感。和谐的人际关系以真诚、接纳、包容、谅解为主体特征，通常表现为乐于与人交往，既有广泛的一般朋友，又有稳定的知心朋友；在与人交往过程中不卑不亢，宽以待人，乐于助人，能客观评价自己和他人；积极的交往态度多于消极的态度；有必要的心理准备，在复杂的人际关系中保护和发展自己。

3. 情绪积极稳定，并能恰当地调节自己的情绪

对于周围的客观事物，人们会根据自己的认知水平以及是否符合自己的需要而抱有一定的态度，发生一定的情感体验。心理健康的人以愉快、乐观、开朗等积极的情绪状态和心境为主，虽然有时也会有忧愁、苦闷、悲哀等负面情绪体验，但是一般不会长久，或随着时间和情境的变化得到调整；同时，能恰当地表达和控制自己的情绪，在遇到各种各样的事情，尤其是出人意料的困难或挫折时，虽然可能会出现狂喜、暴怒、惊慌失措等极端反应，但一般能够及时协调和控制情绪，保持情绪的恰当程度和相对稳定。如果有过强（小刺激大反应）、过弱（大刺激无反应）、不恰当或歪曲的情感反应，则是心理不健康的表现。若不良反应达到一定程度和持续一定时间，就成为心理疾病的症状，如无名焦虑、情绪与境遇不相称的忽高忽低等。

4. 积极的自我观念，悦纳自我

自我观念积极的个体能客观地认识和评价自己，在了解自己的优势和不足的基础上，充分发挥自己的潜能；对自己的认识比较接近现实，不产生自我同一性混乱；以积极进取的人生观作为个性的核心，把自己的需要、愿望、目标和行为统一起来。悦纳自我，就是对自己持积极而客观的态度，既能欣赏和充分发挥自己的优势，又能平静而坦然地接受自己的缺陷和不足；对自己的生活、学习现

状和未来有一定程度的满足感和发展感。而对自己的评价过高或过低，过度自卑或自我膨胀都是心理不健康的表现。

5. 人格结构完整，意志品质健全

所谓人格，心理学上指一个人经常表现出来的比较稳定的个体心理特征的总和。人格的完整与和谐就是说一个人的气质、性格与能力等心理表现应与他的身份、地位等基本符合，且相互之间是协调的；并且能在尊重集体的前提下，保持独立的个性。要做到心理健康必须有清醒的自我意识和完整的人格；思考问题的方式合理；对外界的刺激不会有偏颇的情绪体验和反应行为，并能有效地支配自己的心理行为；有相对完整统一的心理特征。

意志是人的主观能动性的集中体现，是个体重要的自我调节系统。意志品质健全的个体，既能克制自己的冲动，又能调动自己的身心能力果断决策，并且心理承受能力和行为调节能力健全。如果没有坚韧的意志品质，不良的情绪如颓废、疑虑、抑郁、焦急等一旦占了上风，往往会诱发心理问题乃至心理疾病。

6. 环境适应良好，生活、学习与工作等活动有效率

人的一生总会经历生活、工作、学习环境的变化，心理健康的个体能较快地适应自然和社会条件的改变，顺利地展开新的活动，同时有正常的兴趣、情感、能力等状态，能顺利完成力所能及的任务。相反，某些个体因为不适应而不能保持良好的心理状态，抑制了自己实有能力的充分发挥，致使力所能及的任务也不能很好地完成。

心理健康者对现实的事物和环境能做出客观的认识和评价，即能够持客观的态度看问题；总是与现实保持良好的接触，而不是逃避现实；能克制和调整那些实现不了的欲望；不会因为暂时的困难而极度消沉，也不会因为情绪障碍而抑制自己实际能力的充分发挥。在现实社会中，个人不能有效地处理好与周围环境的关系，在困难和挫折面前不能积极调整心态，是出现心理问题乃至心理疾病的重要原因，因此，在现实生活中要注重提高个人的适应能力。

三、维护心理健康的基本原则

（一）有针对性地处理心理问题

　　生命的质量并不仅限于其长度，更重要的是其宽度和深度，亦即我们不仅要关心自己能活多久，更需要用丰富的内容填充整个生命历程，并且在其间体会到满足、幸福、有意义。要达到这样的状态，需要持续地关注自己的身心健康，当心灵被苦痛蛀蚀的时候，不是默默地忍耐，也不是自残式地爆发，而是借助更加平衡、积极的方式去恢复，因此，建立心理自助和求助的观念是十分明智的选择。心理障碍的形成，常常是从量变到质变的过程，最初的表现常常是情绪失衡。作为一个健康的个体，我们也需要时时关注自己的心理状态，在问题出现的初期就积极面对和调整，避免积累和严重化。

　　心理健康是一个动态的概念，在某一个阶段我们的各种心理要素和心理过程可能都比较平衡，处于相对健康的状态。但是，如果遭遇外部环境变化，经受消极的情绪刺激和干扰，这种动态平衡可能就会被打破，致使心理健康处于失衡状态。为了重新恢复平衡，我们需要不断调整自己对消极因素的认知，调整情绪，调整行为方式，使自己获得新的、积极的能量，而这时最能帮助我们的就是心理咨询。心理咨询是现代社会提倡的健康的生活方式，是每个人在人生的某个阶段都需要的"福利"，是精神文明的体现。如果我们没有及时调整好心态，消极的心理问题就会积累进而引发相对严重的障碍，从而影响生命质量，因此不能讳疾忌医，必须接受精神治疗。

　　一个人心理是否健康与是否异常并不是同一个概念，总体来说可以将人的心理状况分为正常和异常两种状态。心理异常包括已确诊的人格障碍（如边缘性人格、解离性人格等）、神经症性障碍（如抑郁症、双向情感障碍等）和精神病性障碍（如精神分裂），这些都是比较严重的精神障碍，并不是单纯的心理咨询就可以解决的，心理咨询只是辅助手段，需要针对性更强的精神医学治疗。而更多的人可能遭遇的问题是正常范畴内的心理不健康状态，如影响生活质量的负面情绪、行为适应不良、某些比较轻微的神经症症状，这恰恰是心理咨询（也称心理治疗）所关注的领域。

（二）接受心理咨询（治疗）的健康观念

关于心理咨询的定义，目前有多种看法。如："咨询是一种从心理上进行帮助的活动，它集中于自我同一感的成长，以及按照个人意愿进行选择和促成行动的问题。"（L．E．Tyler）"咨询是一种人际关系，在这种关系中，咨询人员提供一定的心理气氛或条件，使咨询对象发生变化，做出选择，解决自己的问题，并且形成一个有责任感的独立个性，从而成为更好的人和更好的社会成员。"（C. H. Patterson）"对心理失常的人，通过心理商谈的程序和方法，使其对自己和环境有一个正确的认识，以改变其态度和行为，并对社会生活有良好的适应。"（朱智贤主编《心理学大词典》）

要正确理解心理咨询的概念，必须厘清以下思路：① 心理咨询遵循的是教育模式，而不是医学模式。一个简单的判断是，心理咨询师不会给来访者开具药物处方，只是帮助来访者厘清问题，恢复动力。② 心理咨询强调发展的观点，强调个人的力量和价值，将来访者（尤其是青少年）看作是有能力自我成长的主体，所有的咨询方法要符合来访者的年龄特征和个性特征。③ 心理咨询是一种终身性的服务，强调咨询关系的支持性价值。④ 尽管不同的咨询流派有自己心理矫正的重点和独特的方法体系，但咨询工作的主要方式是谈话，咨询者的基本技能之一是倾听。

心理治疗是一个特殊的概念，有时等同于心理咨询，但有些人又将之看做更靠近精神科医生工作的范畴。其实治疗和咨询在实践中很难精确地区分，因为从本质上讲，两者是相同的：① 两者的理论方法通常是一致的。例如，"咨客中心法""合理情绪疗法"等是心理咨询师和治疗师都会使用的方法。② 在强调帮助求询者成长和改变方面，两者的倾向是一致的。③ 两者都注重建立帮助者与求助者之间的良好咨访关系。

如果一定要区分，两者也有相异处：① 心理咨询的对象主要是正常人，或正在恢复和已经恢复的病人；心理治疗则主要针对有心理障碍的人。② 心理咨询着重处理正常人所遇到的各种问题，如人际关系问题、职业选择、教育问题等；心理治疗的适应范围主要为某些神经症、心理及行为障碍等。③ 心理咨询用时较短，一次到几次；心理治疗费时长，一般几次到几十次。④ 心理咨询在意识层面进行，更重视教育性、支持性、诱导性，焦点在于找出已经存在的求询者自身的内在因素，并使之得到发展或在现存条件分析的基础上改进；心理治疗的某些学派，主要针对无意识领域进行工作，重点在于重建病人的人格。

但重要的不是一定要精确地区分两者在理论上的定义，而是当我们真的出现心理问题甚至障碍时，心理咨询（治疗）是应该而且必需的帮助途径。

第二节　各类常见心理问题的识别和处理途径

作为心理自助和非专业助人者，并不需要像心理咨询师或精神科医生一样精确认知和鉴别各类心理问题的症状、病因及治疗方法，而是需要判断当事人所呈现出的各种现象或症状处于障碍的哪个程度，应该帮助他们获得什么类型的处置。因此，从现象学和症状学的角度了解不同类型心理障碍的特征，有助于我们更合理地实现自助和助人目标。

一、　怎样区分心理障碍和精神障碍

首先，从健康心理学的角度，可以将人的心理状态划分为正常和异常两个层级，正常人存在的不健康心理（病态心理）是心理咨询的工作范畴，而异常心理是精神治疗的范畴，心理咨询只能在某些阶段起到辅助的作用。基于该观点，我们可以依据不同程度进一步将障碍划分为三个层级：心理障碍、神经症性障碍、精神病性障碍。一般意义上的心理障碍应该接受的帮助是心理咨询（治疗）；精神病性障碍主要是精神科治疗，只在其恢复期需要心理咨询辅助；容易造成混乱的是神经症性障碍，因为严重的神经症更偏向于医学治疗模式（属于精神疾病范畴），但轻微的神经症性障碍（也有人称之为"神经症性心理问题"或"疑似神经症"）却偏重于心理治疗模式。

判断心理障碍和精神障碍的标准如下：

1. 主观世界与客观世界是否统一

正常情况下人的心理活动的内容和形式应该与客观世界一致。个体面临心理冲突时，可能会采取幻想、抑制一类的心理防御机制，但是如果一个人看到、听到，或以其他形式觉知到客观世界中并不存在的事物，表明其出现了幻觉；同时，如果一个人的思维内容和逻辑背离客观规律，所想与现实不符且不可能实现，但自己却坚信不疑，这种病理性的歪曲信念便是妄想，如关系妄想、身份妄想。而幻觉和妄想是精神障碍的典型症状。

2. 心理活动过程是否一致

人的心理过程分为认知、情感、意志三个部分，其活动处于动态平衡中。当我们出现心理障碍时，平衡性可能会受到影响，比如相对较小的刺激却导致我们极端化的理解，并表现出相对强烈和较持久的负面情绪，但是反应方向是一致的。如对负性刺激感到郁闷、痛苦、失落、愤怒；对压力事件感觉焦虑、紧张。如果对刺激因素的认知和情感不能一致，痛苦的事情反而表现出快乐、兴奋，则意味着出现了精神障碍。

3. 人格的稳定性

人格的形成是一个长期的过程，既有先天神经系统特征如气质类型的影响，更受到后天环境的塑造。从出生到青年期，都是人格发展的重要阶段，但是人格一旦形成后就具有很强的稳定性。如果没有外界重大事件的刺激或疾病的影响，一个人的人格特征的变化是非常有限的，即使发生心理障碍时，其变化轨迹亦在基本框架内。相反，如果一个人在短时间内出现人格的巨大甚至逆转性变化，就意味着其发生了严重的精神障碍，如一个温和、坚强的人突然间变得狂躁、脆弱，甚至出现严重的退行行为，那么他要么发生了严重的精神障碍，要么罹患严重的脑部疾病而伴随精神障碍。

【咨询案例 1.1】

××一直是一个充满矛盾冲突的人。例如，××一直尝试各种职业，但总是因为人际关系的原因不能长久，每一次被辞退都觉得自己很冤枉，因为自己很努力地做事情，但别人就是不喜欢。××经常怀疑其他同事对自己别有用心，对相互间的交往充满戒备。在与异性的关系上，××也努力去尝试，但总是分不清楚对方的好感和喜爱，常常在误解对方的情况下就非常着急地去表达，所以总是被拒绝。因为各种被拒绝，××越来越缺乏自信，越来越焦虑，因此主动开始寻求心理辅导。××和咨询师谈，也能意识到自己与人相处时太我行我素，不能考虑他人感受，甚至常常不能准确地理解别人的心思。××愿意甚至急切地想要改变，但又总是按内心所需曲解咨询内容，一旦离开咨询环境就不能完成所有商定的矫正任务。

这样的咨询持续了一年左右，有一天××说自己遇到了今生的"真爱"，一定要认真地去追求，但很快就发现这个真爱原来是领班的恋人，而且因为自己对真爱的纠缠又被单位辞退了。××开始认为领班是有意地要用"夺爱"伤害自己，不知道下一步会用什么方式来对付自己，所以要随时戒备；并开始编造自己和真爱间的关系，甚至开始纠结于自己不能获得真爱，是因为"太尊重对方，没有及时发生性关系"一类毫无依据的荒唐念头，而且对自己的状况没有自知力。咨询师判断××已经出现精神分裂，于是将其转介到精神科进行诊治。

从上例可以看到，在很长一段时间，因为××的思维逻辑和自我同一感都是完整的，也能控制自己的行为，在社会功能方面，虽然工作和恋爱屡遭失败，但也一直在努力去调整，所以当时的××并未达到精神分裂的程度，其认知和行为缺陷一直很稳定，通俗地说就是总能绕回原路上去，可能存在人格障碍，但属于精神分裂的易患者。当遭受比较强烈的外界刺激时，××开始出现妄想症状，正常的思维逻辑和判断力开始丧失。这时，心理咨询就不能再解决其问题，需要接受精神治疗，当急性症状控制后，可以考虑继续接受咨询。

二、认识心理障碍

心理障碍是指由于生理、心理或社会不良刺激引起的心理异常现象，包括所有偏离常规的社会功能失常的心理活动。心理障碍通常是一种动态失衡的心理过程，属于正常心理活动中暂时性的局部异常状态。

每个人在生活中都可能遭遇不期而至的情绪刺激甚至伤害，但不是人人都会产生心理障碍，有些人只是短暂地出现心理冲突，也许通过自身的调节就可以解决问题。那么怎样来区分正常的心理冲突和病态的反应呢？有些专家认为应该从两个方面区分：一是心理冲突与现实处境的联系，常态的心理冲突是由特定的事件诱发的；而病态的心理冲突刺激事件和心理反应的联系不确定或已经泛化。例如，因为很想拿奖学金，但是考试又没有考好，所以感觉很失落，但事过会境迁，或者你已经准备下一次考试会更努力，你所经历的只是常态的心理冲突；如果考试成绩不理想这一心理冲突的初发事件已经过去一年半载，你的心情仍然不好，并且和考试这件事已经没有明确的联系，可能是因为很多件事情，也许你也说不清楚具体是什么事情，总之就是感觉自卑、抑郁、焦虑，或总是怨天尤人，并且做任何事都没有以前的那股精神气，这就是一种病态的心理。二是常态心理冲突总是与个人的价值判断和道德观相连接，而病态冲突却没有明显的道德、价值色彩。如前，考试失败引起你的心理冲突是因为你认为成绩好是好学生的标志，你失落一阵会主动寻求恢复，再次做回你心目中的好学生。但是后来你就是单纯的情绪低落，行为效率下降，即使有价值的事情也无法让你重新打起精神，此时的状态就是一种病态反应了。

心理障碍又可分为一般心理障碍和严重心理障碍。一般心理障碍诱发原因很明确,主要体现为情绪不稳定,消极反应,没有泛化出现的时间较短,没有引起心理行为方式改变和人格异常变化,心理咨询效果较好,有时通过自我调节也能够复原;严重的心理障碍一般是由强烈的现实刺激诱发的,内心冲突强烈,社会功能受损,仅靠自身努力调整出现困难,需要持续的心理咨询。

为了更好地理解,我们看下面两个案例:

【留言箱案例 1.1】

老师好,我有一个很大的缺点,就是爱生气,但我生气时不会在别人面前表现出来,只是藏在心里,久而久之,我对那些让我生气的人就表现出了一种厌恶加冷漠,我感觉和我共处一室的姐妹有时就像是我的敌人,我无法忘记她们说的一些话,做的一些事。这些都让我相信,这是个物质的社会,连感情都是物质的,我很生气的时候也很伤心,我不知道是我小气还是她们处事的方法不对,请老师帮我分析一下,谢谢。

分析这个案例需要注意两点:一是"生气"这种情绪化行为的度。如果当事人只是对自己周围的少数人或特定类型的人生气,有引起生气的明确原因,生气的程度也能有效控制,就应该是正常的情绪反应,一般能事过境迁。相反如果当事人感到大多数人或者所有人都让自己生气,或者总是"气愤难平",这就属于不健康的心理状态了,因为生气常常会给身心带来很大的伤害。二是生气后的处理方式。如果总是埋在心里,消极情绪积压到一定程度就可能引起爆发或者导致心理疾病;或者毫无节制地以"发气"宣泄,破坏人际关系,使自己的生存环境变得更加恶劣。

【留言箱案例 1.2】

我是一名大二的学生,由于从高中三年级开始就一直认为自己的眼睛有问题,所以每次做事都想着眼睛,总觉得有问题。到了大一下学期眼睛真的出问题了,这下一下子就郁闷了。从早上起来就在想眼睛,因为我眼睛里有个东西在一漂一漂的(是玻璃体混浊,现在医生说没有事也没有药治,只是叫适应,叫我做事不要太在意眼睛了,不管它,它飞它的,自己干自己的事,不要过于担心就是了）。可是我天天想着这个眼睛里的东西，一早起来都想，一看书就总是很注意它，所以注意力怎么也集中不了。同时，心里又很难受，一直生活在痛苦中。我一直在想一种方法：就是不要想它，就是把自己的注意力不放在这个上面，但没有效果，我一直找不到一个有用、好行的方法，请专家帮我快点摆脱这个心理疾病，谢谢。

专家回复：

这位把自己称为"笨小孩"的同学，就您在留言中反映的问题，我想做如下说明：很显然，您现在对自己眼睛的问题有些过度敏感，而且您自己非常清楚地意识到了这种敏感症状，并且为此付出了很多努力想去控制，然而越想控制越想得多，是这样吧？所以说您肯定不是一个"笨小孩"，相反您很聪明，知道自助和求助。但是因为您的情况已经有比较明显的"强迫症状"，可能需要更为专业的心理帮助，比如接受"脱敏训练"，或者学习一些新的"刺激—反应"方式来转移或替代纠缠您的那些念头。您可以预约一位咨询师给您帮助，请联系我们。

所谓神经症性心理障碍，指长期的心理冲突和痛苦已造成类似神经症的早期症状（也有人将其称为神经衰弱），如注意力障碍、睡眠障碍等，但还没有严重到典型的神经症和出现人格缺陷。

这位当事人由于对自己眼睛病变的长期担心，焦虑情绪非常突出，注意力不能集中，而且精神反应过于敏感，且不能靠自己的努力控制，因而消耗大量精力，影响日常生活质量。但他还能坚持学习、生活，其他社会功能基本完整，尚未达到典型的神经症性障碍标准，仍然可以尝试通过心理咨询解决问题。

三、神经症性障碍

交叉领域的障碍主要指具有某类神经症症状的神经症性障碍或以情感表征为主的心境障碍。当个体罹患这一类疾病时，单纯的心理治疗或传统的精神治疗都不能收到良好的疗效，需要药物治疗和心理治疗双管齐下。

　　神经症性障碍是一组独特的心身失调性的精神障碍，它不同于前述的一般性心理障碍，其情绪反应更强烈，对个体社会功能的破坏更严重，某些严重的神经症患者可能还伴有神经系统病态。但是神经症又不同于严重的精神病，当事人主客观世界统一，没有幻觉、妄想；自知力良好，对自己的状况有清晰的认知；没有确定的人格障碍。

　　作为自助和助人者，有必要了解几种常见的神经症性障碍，以便更好地鉴别和及时接受身心治疗。

　　《中国精神障碍分类与诊断标准第 3 版（CCMD-3）》将神经症定义为：神经症是一组主要表现为焦虑、抑郁、恐惧、强迫、疑病症状，或神经衰弱症状的精神障碍。本障碍有一定的人格基础，起病常受心理社会（环境）因素的影响。症状没有可证实的器质性病变做基础，与患者的现实处境不相称，但患者对存在的症状感到痛苦和无能为力，自知力完整或基本完整，病程多迁延。各种神经症性症状或其组合可见于感染、中毒、内脏、内分泌或代谢和脑器质性疾病，称神经症样综合征。

　　《中国精神障碍分类与诊断标准第 3 版（CCMD-3）》将神经症主要分为以下几类：

　　（1）恐惧症：是一种以过分和不合理地惧怕外界客体或处境为主的神经症。患者明知没有必要，但仍不能防止恐惧发作，恐惧发作时常常伴有显著的焦虑和自主神经症状。患者极力回避所害怕的客体或处境，或是带着畏惧去忍受。它可以分为以下几种：场所恐惧症，害怕对象主要为某些特定环境（如广场、闭室、黑暗场所、拥挤的场所、交通工具等）；社交恐惧症，害怕对象主要为社交场合（如在公共场合进食或说话、聚会、开会，或怕自己做出一些难堪的行为等）和人际接触（如在公共场合与人接触、怕与他人目光对视，或怕在与人群相对时被人审视等）；特定的恐惧症，是对一些特殊的事物感到害怕（如动物、高处、黑暗、雷电、鲜血、外伤、打针、手术、尖锐锋利物品等）。

　　（2）焦虑症：是一种以焦虑情绪为主的神经症，主要分为惊恐障碍和广泛性焦虑两种。

惊恐障碍是一种以反复的惊恐发作为主要原发症状的神经症。这种发作并不局限于任何特定的情境，具有不可预测性。惊恐发作为继发症状，可见于多种不同的精神障碍，如恐惧性神经症、抑郁症等，并对应于某些躯体疾病鉴别，如癫痫、心脏病发作、内分泌失调等。

广泛性焦虑指一种以缺乏明确对象和具体内容的提心吊胆，及紧张不安为主的焦虑症，并有显著的植物神经症状、肌肉紧张及运动性不安。患者因难以忍受又无法解脱而感到痛苦。

（3）强迫症：指一种以强迫症状为主的神经症，其特点是有意识的自我强迫和反强迫并存，两者强烈冲突使病人感到焦虑和痛苦；患者体验到观念或冲动系来源于自我，但违反自己意愿，虽极力抵抗，却无法控制；患者也意识到强迫症状的异常性，但无法摆脱。病程迁延者需要以仪式动作减轻精神痛苦，社会功能严重受损。

强迫症状主要表现为观念强迫，即反复出现一些不必要的想法，如强迫回忆、强迫疑虑、穷思竭虑等；行为强迫，即不断重复无意义的动作，如反复洗手、强迫检查、强迫计数等。具体到每个患者，强迫的形式就更加多样化。

（4）躯体形式障碍：是一种以持久地担心或相信各种躯体症状的优势观念为特征的神经症。病人因这些症状反复就医，各种医学检查阴性和医生的解释，均不能打消其疑虑。即使有时存在某种躯体障碍也不能解释所诉症状的性质、程度或其优势观念。经常伴有焦虑或抑郁情绪。尽管症状的发生和持续与不愉快的生活事件、困难或冲突密切相关，但病人常否认心理因素的存在。本障碍男女均有，为慢性波动性病程。

（5）神经衰弱：指一种以脑和躯体功能衰弱为主的神经症，以精神易兴奋却又易疲劳为特征，表现为紧张、烦恼、易激惹等情感症状，及肌肉紧张性疼痛和睡眠障碍等生理功能紊乱症状。这些症状不是继发于躯体或脑的疾病，也不是其他任何精神障碍的一部分。

多缓慢起病，就诊时往往已有数月的病程，并可追溯导致长期精神紧张、疲劳的应激因素。偶有突然失眠或头痛起病，却无明显原因。病程持续或时轻时重。神经衰弱的概念经历了一系列的变迁，随着医生对神经衰弱认识的变化和各种特殊综合征和亚型的分出，在美国和西欧已不做此诊断，CCMD-3 工作组的现场测试证明，在我国神经衰弱的诊断也明显减少。

（6）抑郁症：包括活动减少、范围广泛的悲哀忧愁情绪，以及有一定程度的焦虑的一种情感性精神障碍。轻型抑郁症包括情绪恶劣型、循环情感型和非典型抑郁。重度抑郁症分为单相抑郁和双相抑郁。抑郁发作以心境低落为主，与其处境不相称，可以从闷闷不乐到悲痛欲绝，甚至发生木僵。严重者可出现幻觉、妄想等精神性症状。某些病例的焦虑与运动性激越很显著。

需要强调的是，随着对各种特殊综合征和亚型的认识加深，抑郁症以及以抑郁和躁狂症状交替出现为特征的双相障碍，被分划为心境障碍（情感性精神障碍），但因抑郁症的治疗思路与神经症相似，需要大量的心理治疗介入，为方便大家认知，本书仍按传统方式介绍。

第三节 大学生常见心理障碍

大学阶段的个体正处于青年早期，精力旺盛、情感丰富，认知能力强，自我意识强，个性特点也逐步稳定，且处于为一生的发展打下专业基础的重要阶段。但这个阶段也是心理冲突和矛盾突出的时期，如独立性与依赖性的矛盾，理想与现实的矛盾，寻求理解与心理闭锁的矛盾，性生理成熟与性心理相对幼稚的矛盾，放松感与紧迫感的矛盾，所学专业与个人兴趣的矛盾，学习与交友的矛盾，积累知识与求职择业的矛盾，等等。当心理冲突比较激烈时，则容易产生各种心理问题和障碍。

大学生心理障碍涉及生活、学习的方方面面，下面就几个最具代表性的类型做一个整理。

一、人格障碍

广义的人格指一个人总的精神面貌，是所有心理特征相对稳定的结构，影响着人的内隐和外显的心理特征和行为模式，也反映了人与人之间稳定的心理差异。对人格的解释，不同学派有自己的侧重点，但是健康心理学最常论及的人格障碍却有其特殊的含义。人格障碍指人格特征显著偏离常态，引起社会不适行为，且形成了一贯的反映个人生活风格和人际关系的异常状态。

人格障碍的类型比较多，主要类型有：

偏执型：没有客观依据的自我评价过高，少有自知之明且固执己见；好猜疑，总是怀疑他人善意背后隐藏着动机，人际关系紧张；情感比较冷漠，易妒忌，缺乏幽默感。因为不自知而对自己的偏执行为持否认态度。

分裂型：主要表现为各种不合常规的怪异思维、行为、言语和知觉；情感体验淡漠，喜欢离世独居，社会成就贫乏。

反社会型：最突出的特征就是行为不符合社会规范，缺乏责任感和道义感；自我中心，错误行为后缺乏内疚、自责和羞耻心；撒谎、欺骗、伤害他人习以为常。

回避型：对外界刺激特别敏感，对社交活动极力回避；自我评价极低，无法公开表达自己的情感；反复出现防御性的抑郁、焦虑和弥漫性心境失调，人际障碍突出。

表演型：又称寻求注意型人格障碍或癔症型人格障碍，主要特征为情绪易变，喜欢以夸张的言行吸引他人注意。渴望新奇和刺激，人际关系表面化且难以持久。

强迫型：对自身和他人要求过高、过于严格，完美主义倾向，甚至吹毛求疵；喜欢将自己的意志强加于人；行为刻板、固执，过分强调行为规则和程序，因而失去灵活性。

依赖型：人际被动和依赖是其主要特征，生活中缺乏主见，喜欢推脱责任，逃避压力；对依赖对象顺从甚至依附，但依附受到威胁时易出现适应困难，容易发生焦虑和抑郁。

边缘型：人格特征不稳定，情绪多变，易焦虑和抑郁，也易欣快和沮丧，周期性的情绪亢奋和失落；人际态度易走极端，好时完美无缺，但稍不如意就可能全盘否定；自我认识反复无常，经常变换人生目标，难以吸收过往经验教训，从而屡遭挫败。

典型的人格障碍个案在大学生中时有发现，但数量并不太多，更具代表性的是"自我意识"偏差造成的人格缺陷，包括过度自卑、过度自我认同或自我中心、苛求完美等。

【咨询案例 1.2】

××是接受辅导员的建议来做咨询的。辅导员反映该生成绩不错，但是性格不太好，与同学关系紧张，很敏感，发生冲突时还有一些威胁性的语言。咨询师观察来访者发现，个人卫生较差，虽然身体看上去还比较强壮，但是说话语气很弱，且看问题比较幼稚。××目前的学习成绩其实还好，但自己没有成就感。

××花了大量时间来描述高考失利一事，认为当初因工作人员疏忽，自己专业分被漏登一百多分，导致未能被理想的大学录取（此事无法查证，因此不能由此判断是真的遭遇意外挫折，还是心理防御的方式。）上学期去一所重点大学看望高中同学后，感觉差异太大，人生无常，回校后出现明显的压抑情绪。原本就不善于人际交往，在此情绪下出现了更多的交流问题。对自己有较高的期待，想通过考名校研究生"证明自己"，但又对结果缺乏自信，担心当年高考"遇害"的事情再次发生。多次提及自己最近做了个小手术（但不愿细谈是什么手术），强调自己需要休息（有比较明显的回避）。和女友的关系也出现问题，想为留住女友付出更多的努力，但又总担心自己能力不足，担心哪天女友会主动提出分手。

此案例中的当事人因为不能接受人生中重大事件的不如意而变得消沉，否定自身能力，担心自己什么都做不好。虽然目前精神正常，也还未发展到神经症，但是情绪低落，并影响人际关系，行为效能也开始下降，持续下去很可能导致人格障碍，应该及时进行心理调适，以恢复自身常态功能。

【咨询案例 1.3】

××花了比较长的时间述说和几位男性之间纠结不清的情感故事，概况为：之前有个男友在异地，她只想和这个男孩精神恋爱。期间和本校另一位男生关系很好，很默契，但没有恋爱。后来和前男友分手，仍然未和本校男孩建立恋爱关系，而是和现男友恋爱。在描述过程中，多次强调她与别人恋爱是因为"他对我真的很好""我是值得他们爱的"。另外，在描述过程中××几乎不主动给咨询师插话的机会。多次强调喜欢她的男孩子很多，强调她追求精神恋爱，强调男孩子都认为她很单纯。觉得自己可以控制局面，可以游走在很多异性之间。

此个案中的当事人明显存在自我意识方面的问题。当事人给人的感觉是，她并未真正爱过任何一个男孩，她真正爱恋的对象是她自己，始终希望将自己置于所有异性关系的中心。尽管一直面带笑容，但给人的感觉是强势的，控制欲望很强。这样的状态其实很难真正投入恋爱中，最终会造成异性关系的混乱。当事人表面看上去很自信甚至自恋，但是已经意识到自己异性关系不健康的问题，并对自己的状态下意识地担心。

二、与学习相关的心理障碍

学习是大学阶段无法回避的一个极其重要的任务，不仅是学习动力差、学习策略不足、学习效率低下会扰乱部分学生的心态和行为，即便是"学霸"类人物，也可能因为学习动机冲突、考试焦虑等损害自身心理健康。

1. 学习动机冲突

动机是激起、推动、维持和调节行为的心理动因。学习动机是大学生维持长期艰苦学习行为的重要动力，当动机缺乏和不足时，会直接影响学习效率，并且可能还会导致长期的学习失能和失败，引发低自我效能感和低自尊；而学习动机过强，又不能根据自身能力加以调整，或者没有与动机水平相符合的能力支撑，则可能会引发焦虑，使个体处于长期紧张状态，导致身心功能性障碍。因此，并非学习动机越强行为动力就越大，只有当我们维持恰当的动机水平，将学习动机与学习兴趣相联接，维持注意力于学习活动本身时，才能获得更好的学习效果，同时健康地、愉快地学习。

【留言箱案例 1.3】

亲爱的老师您好，不好意思来打搅您，不过我的心里真的有许多事情，不知道该怎么办。我是一名大二的学生，读大学快要两年了，可是我不知道自己该做什么？我能做什么？觉得自己每天都是浑浑噩噩地就过去了，对身边的一切都不感兴趣，仿佛全世界都和我没有关系。本来大一刚进校时自己参加了校学生会，可是没几天，我就退出了，我觉得那不是我想要的生活。可是我又不知道，到底什么是我想要的生活，我很迷茫。有时候我想要一个人逃避这个世界，去一个自己想要去的地方，可是每一次想到父母那期待的眼神，我就忍不住要流泪。虽然说男儿有泪不轻弹，可是年迈的父母总会刺痛我的心。我来自一个非常偏远的地方，我们那里非常非常贫穷，自己是我们那里的第二个大学生，姐姐是第一个，可是……我辜负了家人的期望，父母为了让我读书，受尽了苦头，而我呢？？？我觉得自己特别不孝顺，自己也曾想过衣锦还乡，可是现实不是我想的那样美好。我从来没有抱怨自己的出生，也没有觉得不公，我只想靠自己的努力去获取自己想要的一切，可是现在的一切不是我想要的。我是为了不让父母失望才读大学的，其实我想要做一个流浪的人，做一个专属的文人，去自己想要去的地方，写自己想写的文章，可是我知道那是不可能的。每天我都活在自己的世界里，看自己的青春慢慢地远离自己而去，看潮起潮落，而自己一事无成。也许自己是个悲观主义者，从来就觉得缺乏安全感。未来的路，我不知道该怎么走，可是我又知道还得自己走。走吧！路总要有人走的。我很悲观，可是我不绝望，我现在只是很迷茫，到底是这样下去，还是坚持理想？我不知道，也许明天会给我答复，可是不管怎么样，我们都要活下去，不是吗？

在这个案例中，一方面是当事人自身的学习意愿和家长期望发生冲突，想顾及自己的兴趣，又不想辜负家长的愿望，心理负担很重，既不能踏实地完成学校设置的学习任务，又不能心安得地追求自己的梦想。另一方面也有对现实学习环境的不满与对理想的学习模式的不确定所造成的心理冲突。所以当事人一直生活在挣扎和焦虑中，一事无成。

因此，咨询师给出了下面的建议：

行者，您好！孤单有时是自己的一种感觉，想想与您朝夕相处的那么多亲人、朋友、同学，他们在您的人生中仍然占据了很重要的位置。每个人生活在世界上，都不是孤立存在的，都会与周围的人发生各种各样的联系，承担着各种各样的责任。因此，逃避不能解决任何问题，只能选择勇敢地面对现实。

现在针对您的问题，我们来做一下探讨。不知道您学的是什么专业，与您的理想是否有联系。您可以分析一下，试着找到两者的结合点。如果确实无法找到，也没有关系，您可以继续您的理想，前提是分配好时间和精力。比如，希望成为一个流浪的文人，您得先要养活自己，然后尽量为父母的生活考虑周到。当这些事情都弄好了，又有一点积蓄时，您再去全身心地投入到理想当中，那时会是无负担的享受。那么，现在怎么做呢？首先，如果您不打算转专业的话，请保证您的专业学习，至少您得达到最低标准，即成绩合格，可以拿到毕业证和学位证。然后，您可以充分利用课余时间，看您喜欢的书，写您的美文，甚至投稿试试看。您还可以去了解中文专业的上课时间，有机会去旁听一下相关的文学知识，把您的理想当做当前的业余爱好来培养。这样，您一方面可以让父母放心，另一方面也可以满足自己的愿望。也说不一定将来您的理想真的成为现实，做一个很洒脱的文人。其实实现自己理想的途径很多，关键是注意合理配置，一步一步向着理想靠近。相信，经过您的合理安排，理想终究会变成现实。

现在对您来说，最重要的是真正做出选择并有计划地去实施，如果一直在冲突中反复，最后可能真的是一事无成。如果对自己能